길 위에서 던진 질문

그분과 함께 걸어가는
대단하지 않지만 빛나는 일상

길
위에서

사진·글
이요셉

던진

Questions thrown
on the road

질문

내가 노래하는 풍경 1

규장

생의 이면은 수많은 결핍으로 가득합니다. 때론 역동적인 삶을 살지만, 때론 아무 일도 할 수 없는 무기력에 빠질 때도 있는 게 우리 삶입니다.

그리스도인의 삶이란, 허공에 떠 있는 진공 같은 것이 아님을 날마다 깨닫습니다. 오늘 하루가 아니라 전 생애를 생각한다면, 나는 오늘을 자신할 수 있을까요? 누군가를 판단할 수 있을까요?

소설가 이승우는 《식물들의 사생활》에서 구도자처럼 하늘만 우러르며 고요하게 서 있는 나무의 내면에 들끓고 있는 욕망을 말합니다.

나는 그 글 앞에 얼마나 많은 울음을 쏟았는지 모릅니다. 천만 개의 욕망의 뿌리 속에서 하나님이 내 마음에 던지시는 선언적인 메시지가 있었기 때문입니다.

십여 년 전, 어느 생일에 하나님께서 '삶의 기록'을 말씀하셨습니다. 그때부터 나는 나를 기록합니다. 어느 부끄러운 날에 내가 사랑했던 나날을 보며 닳아서 해어진 내 마음을 추스르게 되지 않을까요.

내 일기장에는 여러 제목이 붙어 있습니다. 그중 하나가 '내가 노래하는 풍경'입니다. 인생이라는 길 위에서 '나는 이렇게 걸어야겠다'라고 문득 내 마음에 적어 놓은 말입니다.

자신에게 한 말이라 친절하지도 않고 완전한 문장도 아닙니다. 하지만 나는 여전히 길을 걸으며, 걸어야 할 방향을 의심하며 문장을 만들어 갑니다.

그래서 내가 노래하는 풍경은 내 마음이 서성이는 지도입니다.

이요셉

차례

인트로

1부 우리의 질문

PHOTO 내가 만난 모든 것이 아름답다

2부 땅의 풍경

PHOTO 인생에 꼭 필요한 시간

PHOTO 불을 비추어야 보이는 것
　　　　　어둠이 짙어야 보이는 것

3부   하늘의 마음

주님,

말씀으로 천지를 만드셨을 때

그 창조적인 말의

한 조각이라도 가질 수 없을까요?

당신이 가진 빛의

작은 조각

그 부스러기라도 갖고 싶습니다

쓸모

'내가 할 수 있는 게 있을까?'
'하나님은 왜 나를
한계 가득한 존재로 만드셨을까?'

나는 무엇을 해야 할지
모르는 사람이었습니다.
하나님을 사랑했지만
삶의 한계 앞에 절망했던 사람입니다.

어느 작은 예배당에 앉아서
날마다 이렇게 기도했습니다.

"이런 나를 사용할 수 있겠습니까?
사용할 수 있다면, 사용해 보세요."

그런데 이십여 년이 지나
이 기도를 생각하면 생각할수록
마음이 뜨거워집니다.

왜냐하면 내가 한계 앞에 서 있을 때,
기다림의 시간 앞에 아파할 때도

주님은 여전히
당신의 뜻을 가지고
쉬지 않고 일하셨음을
이제 알기 때문입니다.

시간이 지나야
알 수 있는 것들이 있습니다.

그러니
지금 이 시간 속에서도
나는 하나님을 그렇게 이해하려 합니다.

하나님이 일하시지
않는 것 같아 보이는 한계 너머에
주님은 여전히 쉬지 않고 일하십니다.

존재를   사랑한다는 것

아이가 아무것도 하지 않았는데
그저 부모에게 눈을 맞춰 준 것만으로
부모는 잘했다며
아이를 사랑스럽게 바라봅니다.

아이가 웃으면, 부모는 또 잘했다며
아이를 꼬옥 끌어안습니다.

존재 자체를 사랑한다는 것은 어떤 걸까요?

한 후배의 이야기입니다.
그는 지독하게 사랑을 받지 못하는
어린 시절을 보냈습니다.

성격이 착하고 순해서인지
그는 자신을 사랑해 주지 않을뿐더러
학대까지 하는 부모에게도
사랑 받고 싶어 몸부림쳤습니다.

그리고 청년이 되어서야
하나님의 사랑을 알았습니다.
이 사랑은 결코 놓치고 싶지 않아서
열심히 사랑했고, 사역했습니다.
'주님을 사랑해서'라고 하기에는
힘에 부치도록 수고했습니다.

그와 함께 기도할 때
주님이 후배를 향한 그분의 사랑을
내 마음에 말씀하셨습니다.

'나는 네 존재 자체를 사랑해.
네가 아무것도 하지 않아도
여전히 너를 사랑해.
네 수고가 내 기대에 미치지 못하면
내가 사랑을 거둬들일 거라고 생각하지 말렴.

내 사랑은
지금껏 네가 경험한 사랑과는 다르단다.
나는 너의 존재 자체를 사랑한단다.'

답

"주님,
누구를 만나야 할까요?
나는 어떤 선택을 해야 할까요?
이것일까요, 저것일까요?"

내가 만날 사람, 내가 걸어가야 할 길,
수많은 선택 앞에서 묻습니다.

"나를 향한
아버지의 뜻이 무엇인가요?"

이 모든 것을 콜링이라고
말할 수 있습니다.
'콜링'(calling)을 알기 위해서는
'콜러'(caller)를 알아야 합니다.

내가 알고 싶은 질문의 답은
하나님께 있습니다.

반항

"저는 이제 기대하지 않을 거예요.
더 이상 감동하지 않을 거예요."

언젠가 주님께 반항하듯 말했습니다.
마음을 굳게 잠근 채
아무리 하나님이어도 굳은 내 마음을
부드럽게 하시진 못할 거라 믿었습니다.

주님이 야단치시면
"저 원래 그런 놈이에요, 모르셨어요?"
라고 말할 생각이었고,
주님이 그분의 일을 시키시면
"네네, 알았어요. 언제까지 하면 돼죠?" 하고
최대한 사무적으로 대답할 생각이었습니다.

그런데 주님은
내가 얼마나 못났는지
얼마나 잘났는지를 말씀하지 않았습니다.

내가 무슨 일을 해야 하는지도
관심 없으셨습니다.
종교적인 의무를 언급하지도 않으셨습니다.

그저 주님은 나를 바라보셨습니다.
그리고 말씀하셨습니다.

'사랑한다.
누구보다 너를 사랑한다.
세상 그 무엇보다 너를 사랑하기에
내가 아들을 보냈단다.'

내 존재 자체를 바라보시는 주님 앞에
더 이상 마음의 빗장을 잠글 수 없었습니다.

너무나 죄송했고
너무나 가슴 아파서
꺽꺽거리며 울 수밖에 없었습니다.

하나님은 사랑이십니다.

월동

봄이면 꽃향기에 마음이 설렙니다.

매번 실패를 거듭하지만
또 집 근처 꽃집에 들러서
몇 포기 모종과 식물을 삽니다.
그러면서 단골 질문을 던집니다.

"이건 월동하나요?"

월동하는 식물만 골라서 심는데
겨울을 지내고 나면 버티질 못합니다.

희한합니다. 꽃집 주인의 말이
잘못될 리 없는데 말입니다.

그러다 알게 되었습니다.
아무리 월동하는 식물이라도
땅에 뿌리를 내려야 한다는 것을.

화분에 심어 바깥에서 키우면
찬 기운이 화분을 얼려 버리지만,
땅에 심은 식물은
땅이 추운 겨울을 함께 버텨 주기에
봄을 맞이할 수 있다는 것을요.

오늘날 너도나도
'행복'을 이야기합니다.
기분을 좋게 하거나
도움을 주는 괜찮은 답도 많습니다.

하지만 죽음 앞에서
정말 살게 하는 답은
하나뿐입니다.

누추함

'믿음으로 산다는 게 무엇일까?'

대단할 것 없는
평범한 내 일상에 묻습니다.
아무리 찾아도
증명해 보일 만한 게 없습니다.
호주머니에 손을 넣어
천을 뒤집어 보이며 말합니다.

아무것도 없는 데다가
보이는 것 너머의 누추함

이 누추함을 가지고 주님 앞에 나아가는 것
너덜너덜해진 영혼을 주님 앞에 누이는 것
아프고 상한 마음을 주님께 내보이는 것

내가 가진 것을 증명하는 대신
내 안에 계신 주님을 바라보는 것이라고.

위로

하나님의 눈물을
어떻게
닦아 드릴 수 있을까요?

내 곁에 있는
아프고 상한 영혼에게 다가가
그와 함께 아파하며
그의 눈물 닦아 주는 것.

이것이
주님을 위로하고
아끼고
사랑해 드리는 게 아닐까요.

아픔

꼭 믿음의 시련이 아니더라도
아픔의 시간을 보낼 때면
당연하게도 아픔의 감정을 느낍니다.

이십 대 초반에 기도했습니다.
이 감정이 누군가를 이해하거나
위로할 수 있는 근거가 될 테니
많은 감정을 알고 싶다고요.

하나님은 이 기도에 응답해 주셨습니다.

하지만 아픔은 아팠습니다.
기도해서 얻은 감정이라고
가짜 감정이나
가짜 경험이 아니기 때문입니다.

나는 기도한 건 까맣게 잊고
도리어 주님께 이렇게 묻곤 합니다.

"하나님,

이 아픔의 이유를 모르겠습니다.

도대체 왜 이런 시간을 보내야만 하나요?"

그때마다 같은 답을 주십니다.

믿음의 시련이 인내를 만들며,

그 인내가 나를 온전하고

성숙하게 만든다고 말입니다.

이 구조를 정확하게 이해하는 대신

주님의 약속을 믿기로 합니다.

나는 여전히 아픔의 시간이

우리 인생에 얼마나 유효한지,

주님과 함께 걷기 위해

이 시간이 왜 필요한지

정확히 알지 못합니다.

그래서 이 시간이

당신을 위한 시간이라고도 말하지 못합니다.

다만 한 가지 확신하는 것은
이 시간에도 여전히
주님이 함께하신다는 사실입니다.

그분은 세상 끝날까지
우리와 함께하십니다.
지금도 여전히.

오해

남녀 간의 사랑도
한순간에 불타오르기 쉽지 않습니다.

나는 아직 준비되지 않았는데
상대가 대단한 것을 요구할까 봐
몸을 사리기 바쁩니다.

나는 하나님을 오해했기에
청년 수련회 때
기도하다가 멈추었습니다.

"주님이 원하시면 제가 무엇이든 하겠습니다."
'그래? 그렇단 말이지?'

내가 수긍하지 못할 말씀을 하실까 봐,
무언가 대단한 말씀을 하시면
책임을 져야 할 것 같은 마음에
기도를 멈추었습니다.

나는 하나님을
철저하게 오해하고 있었습니다.

하나님은
크고 대단한 시험으로
'나와 사귀자' 말씀하지 않았습니다.
작고 소소한 일상의 사귐을 통해
그분을 알아가게 하셨습니다.

'아, 이분은 신뢰할 만한 분이시구나.'

그러면서
내가 고집했던 가치관과 틀을
조금씩 내려놓을 수 있었습니다.

사랑하고 또 사랑하면서
주님께 기대 가득한 음성으로 묻게 됩니다.

"주님, 다음은 뭐죠?"

주님의 별

꿈꾸고
그것을 이루어야만
별이 되는 걸까요?

원대한 꿈을 꾸었지만
자녀를 기르느라
꿈에서 멀어져 간 사람이 있었습니다.
결국 병들어 너무 이른 나이에
하늘나라로 떠났습니다.

나는 울며 생각했습니다.

'실패한 인생일까요?'

물론 이 땅에서는
아무것도 남기지 않았지만,
나는 그가 여전히
주님의 별이라 믿습니다.

이 땅의 삶이 전부라면
어떤 수단을 사용해서라도
소원을 이루어야겠지요.

하지만 이 땅이 전부가 아닙니다.

주님이 말씀하시면
어떤 수고를 감수하고라도
걸어가야 할 길이 있지만,

주님이 말씀하시면
주님 품에 그저 안식하는 것도
순종입니다.

옷걸이

글을 쓸 때마다
피식 웃음이 납니다.

나를 아는 사람도 거의 없겠지만
그런 사람이 있다면
정말 웃을 일입니다.

"하나님,
왜 제게 이런 일을 맡기셨나요?
어쩌면 제가 할 수 없는 일이기에
맡기셨겠지요?"

하나님 음성이 들립니다.

'네가 하는 게 아닌 것 알지?'

나는 그저 옷걸이일 뿐입니다.
나는 그릇일 뿐입니다.

전지적　주님 시점

나는 나를 다 알지 못합니다.
내가 입고 있는 옷이
내 옷이 아닌 것 같기도 합니다.

과연 나는
이 옷을 입을 자격이 있나요?
내가 나를 보는 시선이 아니라
나를 향한 주님의 시선은 어떤가요?

예수님은 종에게
달란트와 므나를 맡기셨습니다.
이에 충성한 종들에게는
갑절의 달란트를 주거나
마을을 다스릴 권세를 주셨습니다.

한 달란트의 가치는
보통 금 삼십삼 킬로그램의 값과 같아서
약 사십육억 원 정도의 큰돈입니다.

므나의 값어치도 노동자 하루 품삯의
백 배 정도의 규모입니다.
마을을 다스릴 권세도
만만치 않게 큰 값어치입니다.

마태복음과 누가복음에 등장하는
두 비유의 공통점은
"지극히 작은 것에 충성했다"
라는 표현입니다.

므나, 달란트, 마을을 다스릴 권세.
우리 수준에는
어느 것 하나 작은 것이 없지만
예수님은 작은 거라고 표현하십니다.

하나님께 그것들은 작습니다.
우리에게는 크지만 그분께는 크지 않습니다.

하나님께서 우리에게
맡기신 것이 있습니다.

우리는 그것을 받을 자격이나
운용할 능력이 없다고 하지만,
주님은 어떤 확신이신지
종들에게 그것을 맡기십니다.

나는 나를 다 알지 못합니다.

하지만 나를 지으신 분은
나를 잘 아십니다.
전지적 작가 시점에서
나를 아시지요.

주님이 내게 맡기셨다면,
나를 향한 나의 신뢰가 아니라
나를 향한 주님의 신뢰를 믿기로 합니다.

나 자신을 향한 판단조차 유보하고
주님께 나를 올려 드립니다.

내가 만난 모든 것이

아름답다

Korea

Korea

Uganda, Africa

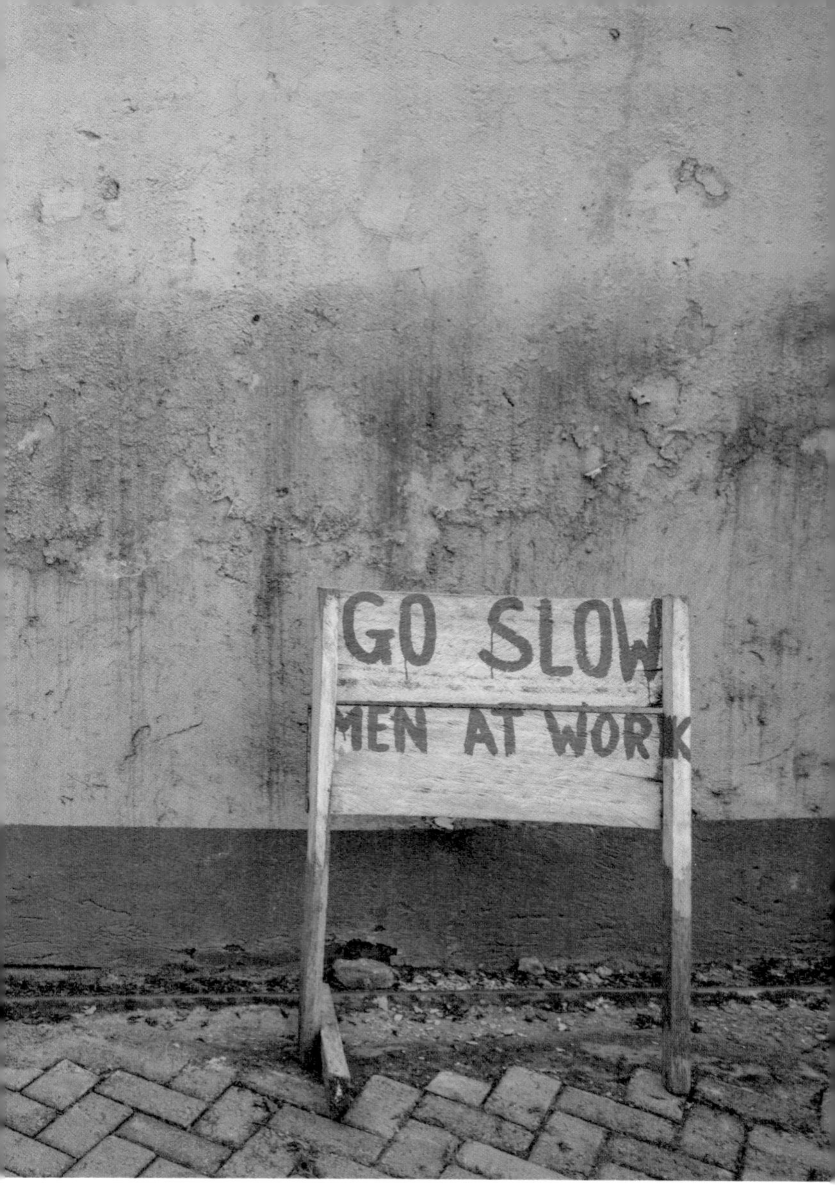
GO SLOW
MEN AT WORK

France

Korea

Korea

Korea

Korea

Korea

혼란

'왜 나를 돕지 않는 거지?
무엇을 지체하는 거야?
그래서 언제쯤 온대?
손발이 맞아야 뭘 할 수 있지.'

주님과 관계가 어지러우면
모든 게 혼란스러워집니다.

그분의 일하시는 방식, 성품, 주권,
긍휼함, 오래 참으심, 낭비하심, 용서,
어느 것 하나 이해되지 않습니다.

내가 옳은 게 아니라 주님이 옳으십니다.

나는 가지, 주님은 포도나무.
나는 양, 주님은 목자.
나는 피조물, 주님은 창조주.
주님이 나의 주인이시며 나의 왕이십니다.

그때는 모르는 것들

사랑에 대한 확신이 없어서
사람에 대한 믿음이 없어서
헤어졌지만,
너무 가슴 아팠다고 합니다.

가슴이 아파서 참을 수 없게 되면
도리어 그때 가지지 못한 확신이
지독한 사랑이었음을 뒤늦게 깨닫습니다.

그 아픔을 도저히 참을 수 없으면
다시 만날 것이고,
애써 참고 살아간다면
훗날 사랑을 추억하게 되겠지요.

왜 우리 인생에는
그때는 알 수 없는 것들이
이토록 많을까요!

정답을 알고 싶지만
인생에 정답이 없다는 것이
가장 정답에 가까운 답일 것입니다.

결국 아픔과 그리움만 남는다면
왜 이런 소모적인 시간과 만남이 있어야 할까요?

하지만 그 시간이 고통스러울까 봐
비켜 가기만 한다면
끝내 사랑을 알 수 없을 겁니다.

당연한 말이지만, 사랑을 경험한 사람만이
사랑이 무언지 알게 됩니다.

사랑하며 얻는
아픈 추억과 그리움과 모든 감정까지도
누군가를 이해하는 도구가 되어
주님의 마음을 더 깊이 헤아리기를,
다음에는 더 사랑하기를
기도해야겠습니다.

위태로운 삶

주님, 내 기도를 들어 주십시오.

내 부르짖음에 귀를 기울여 주십시오.

내 눈물을 보시고,

잠잠히 계시지 말아 주십시오. …

내가 떠나 없어지기 전에

다시 미소 지을 수 있도록

나에게서 눈길을

단 한 번만이라도 돌려 주십시오.

시 39:12,13 새번역

주님께 부르짖으며 기도 드리는

다윗의 시입니다.

누구보다

주님과 친밀했던 다윗이지만

순간순간 그는

위태한 삶을 살았습니다.

주님과 가까웠기에
주님을 애타게 구하기도 했지만,

주님께 매달리지 않으면 안 될 만큼
그의 하루는
안타까우리만치 위급했습니다.

그런데
주님께 매달리지 않으면 안 되는
이 위태로운 삶이
나의 구원을 견인하고 있는 것은 아닐까요.

시편에 기록된 다윗의 기도가
지금 내게 필요한 이유이기도 합니다.

사단의 관심사

우리는 누군가가
얼마나 많은 돈을 가졌는지,
어떤 차를 타고 다니는지,
직업이 무엇인지, 외모는 어떤지,
얼마나 인기가 많은지 등을
신경 씁니다.

그런데 사단은 무엇을 신경 쓸까요?

사단은 우리의 돈, 직업, 외모, 인기를
전혀 두려워하지 않습니다.

다만 기도하는 사람,
주님의 마음을 가진 사람,
주님을 사랑하는 사람을 두려워합니다.

비록 그가 우리 눈에
보잘것없어 보이는 사람일지라도.

주적

사단을
대적하지 않는 편이 나을까요?

흑암의 세력을 도발하는 행동은
적대 세력을 키울 뿐 아닌가요?

이건 마치
잠자는 사자의 꼬리를 밟지 않으면,
사자가 나를 해치지 않을 거로
생각하는 것과 같습니다.

과연 사단이 내 의도대로
정전(停戰) 협상을 받아들일까요?

사단은 잠자는 사자와 같지 않습니다.
먹이를 움키려 애쓰는
굶주린 사자와 같지요.

내가 그리스도인이 된 순간,
사단은 이미 나의 대적입니다.

진짜 전쟁은
어느 누아르 영화처럼
서로 총부리를 겨눈 채
비둘기가 날아다니는 슬로비디오를
연출할 만큼 감상적이지 않습니다.

예수님의 이름으로 사단을 결박할 때
그는 예수님의 이름 아래
맥을 못 추고 굴복합니다.

예수님의 이름은 왕의 이름이며
그분의 피 한 방울은
사단을 굴복시키고도 남습니다.

첫사랑

반지하에 살던 청년의 때,
장마로 비가 며칠을 쏟아부었습니다.
그때 주님께 눈물로 쓴 일기가 있습니다.

"비가 넘쳐서 방이 침수되었습니다.
하루만 더 내리면
집이 떠내려갈 것 같습니다.
그런데 그보다 더 두려운 게 있습니다.

더럽고 악한 제 마음 때문에
제가 주님으로부터 떠내려갈까 봐
그것이 가장 두렵습니다.
저를 구원하신 주님의 사랑이 감사해서
매일 우는데도, 저는 하나도 변하지 않아서
가슴을 찢습니다.

여전히 제 영혼은 형편없어 보이지만,
그래도 주님을 사랑합니다."

울며 주님 사랑한다는 말을
몇 번이나 거듭했지만,
여전히 부족한 것만 같은 심정이었습니다.

벌써 이십 년 전 일입니다.
내 영혼은 그때나 지금이나
누추하고 부족하기만 합니다.

하지만 더 이상
울지도 않고, 가슴 찢지도 않고,
사랑한다는 고백도 인색해지고 있습니다.

어떻게 하면
딱딱해져만 가는 내 마음이
다시 부드러워질 수 있을까요?
매일 주님을 더 사랑하려면
어떻게 해야 하나요!

바닥

왜 기도하지 않을까요?

아무것도 할 수 없을 때에야
비로소 무릎을 꿇고
주님을 부르게 됩니다.

기도하지 않는 이유는
아직 살아날 방편이 있기 때문입니다.

만일 그 때문에 주님을 찾지 않는다면
바닥까지 낮아지기 전에는
구원을 만나지 못합니다.

넘어지지 않으려 애쓰다가
더 이상 내려갈 곳 없는 바닥에 닿는 순간,
더 이상 잃을 게 없어 발버둥을 멈춘 때,

새로운 시작을 만날 수 있습니다.

믿음이   생기는 순간

과연 우리는
언제 주님의 말씀을
진짜로 믿을 수 있을까요?

지금도 믿고 있다고 말하지만,
우리의 선택과 판단을 돌아보고
하루의 행동을 찬찬히 떠올려 보면
부끄럽기 그지없습니다.

과연 언제 믿을 수 있을까요?

"너희는 모두 나를 버릴 것이다"(막 14:27).

예수님의 이 말에 베드로가 외쳤습니다.

"주와 함께 죽을지언정
결코 주를 부인하지 않겠나이다"(막 14:31).

베드로의 이 말은 진심이었습니다.
하지만 잠시 후에 닭이 두 번 울면
그는 알게 될 것입니다.

예수님의 슬픈 예언이 얼마나 적중했는지,
그분을 위해 불구덩이에라도
뛰어들 것처럼 외치던 자신의 다짐이
얼마나 공허한 메아리에 지나지 않았는지를요.

예수님의 말씀을 정말 믿게 되는 날은
내가 정말 엉망이 되는 날,
수치스럽고 부끄러워서
얼굴을 들지 못하는 날,
실패해서 더 이상 일어서지 못하는 날.

그래서 더 이상 나 자신을
믿지 못하게 되는 그날, 아닐까요?

과몰입

바둑이나 장기를 둘 때
간혹 직접 두는 선수는
보지 못하는 묘수가
옆에서 구경하는 사람들 눈에는 보입니다.

누구보다 경기에 집중하는 건 선수지만,
그에게 답이 보이지 않는 이유는
말 그대로
과도하게 집중하고 있기 때문입니다.

문제에 집중하는 이유는
자신이 경기의 주체이며
기득권자이기 때문입니다.

우리 인생의 문제도 별반 다르지 않습니다.

주변에서는 빤히 보이는
갈등과 문제의 해결점을

정작 당사자가 찾지 못하는 이유도
자신이 그 상황의 주체이며
기득권자이기 때문입니다.

자칫 잘못 선택했다가
감당할 손해와 불이익에 대한 염려가
문제에 더욱 몰두하게 만들지요.

'주님 말씀에 나는 순종할 것인가?
순종했을 때 어떤 손해를 입을 것인가?'

이런 고민을 내려놓고,
내 인생의 주체자가 아니라
잠시 훈수를 두는
구경꾼이 되어 보면 어떨까요.

순종해서 감당해야 할
대가 지불은 나중 문제이고
지금은 아버지의 마음이
무엇인지에 집중하는 거예요.

길 위에서 던진 질문   63

그러면

무엇이 잘못이었는지,

이제 어떤 선택을 해야 할지,

앞으로 어떻게 걸어가야 할지

깨닫는 시작점이 되지 않을까요.

순종

'시간을 낭비하는 것은 아닌가?'

하나님이 주시는 마음에 순종한다고
이런저런 일을 하다가
문득 이런 생각이 들었습니다.

사람들은 자신에게 유리하게
행동하며 달려가고 있는데
나 혼자 멈춰 서 있는 것 같았습니다.
그런데 친구가 농담처럼 말했습니다.

"하나님이 어떻게 일하실지는 아무도 모르지."

자기 일 아니라고 무심코 던진 말이었지만
하나님이 하시는 말이라 생각했습니다.

"네, 주님이 어떻게 일하실지 저는 모릅니다.
그저 주신 마음에 순종하겠습니다."

현실과   상상

한파로 꽁꽁 얼었던 겨울,
신림동 작은 자취방은 추웠습니다.

습기 어린 화장실 벽은
살얼음 가득한
겨울 왕국이 되어 있었습니다.

백열등 빛에 반사되어
반짝거리는 화장실에서
이 시간과 공간이
너무 아름답다고 생각했습니다.

슬픔, 아픔, 외로움
등의 단어가 떠오르는
몸 하나 누일 수 있는 공간에서
오늘 하루 살아간다는 사실이
너무 감사했습니다.

시간이 지나면서
감사도 기쁨도 환희도
현실 앞에 바래집니다.
동화 같은 상상으로는
살기 벅찬 세상이니까요.

나는 매일 선택 앞에 놓입니다.

사람, 사건, 환경을 볼 때
어떻게 판단하고
상상하고 반응해야 할까?

광야에서 이스라엘 백성을
이끌었던 모세는
백성의 원망과
끝없는 모래더미와 목마름 앞에
무얼 상상하며 걸었을까?

성공

누군가를 책임지거나
돌아볼 일이 없다면,
더 많은 것을 성취하고
더 많은 시간 행복할 수 있을까요?

남들보다 더 멀리 나아가
성공이라 말하는 것을 누릴 수 있을까요?

과연 성공이란 무엇일까요?

성공의 평가는
성공을 어떻게 정의하느냐에 따라
달라집니다.

하나님나라의 성공한 자는
하나님 말씀을 따라 행하는 자,
하나님 마음을 품고 우는 자,
하나님 마음을 나누는 자입니다.

피곤했던 어느 날,

내게 안기는 아이들의 위로가

기쁨이 됩니다.

내가 도왔던 누군가가

고맙다며, 덕분에 살 수 있게 되었다며

건네는 한마디 말이 감사가 됩니다.

짐처럼 여겨지는 책임이

나를 한 발 더 걷게 만들고

한 번 더 기도하게 만들고

기뻐하고 감사하게 만듭니다.

질문의   방향

성경은 "너희는 거룩하라" 말씀하지만,
동시에 "너희는 완전하지 않다" 말씀합니다.

이 말은, 거룩을 꿈꾸되
내 힘과 의지로 이룰 수 없음을 나타냅니다.
바꿔 말하면,
이룰 수 없는 것을 꿈꾸라는 말이 됩니다.

이룰 수 없는 꿈을 가지면 불안합니다.
결과를 주목하며 오늘을 살게 되고
철저히 재고 따지게 됩니다.

'얼마나 안전한가?
얼마나 큰 성과를 얻을까?'

하지만 머릿속으로 미래를 계산만 하면,
믿음의 걸음은 고사하고 오늘의 무게에 짓눌려
한 걸음도 나아가지 못합니다.

'주님은 어떤 분이신가?
나를 향한 주님의 사랑이 어떠한가?'

뻔한 질문 같지만 이 질문에 답을 찾으면,
신기하게도 결과만을 바라보지 않게 됩니다.

이룰 수 없는 꿈을 꾸는 것,
불가능을 가능케 하는 것,
이것이 우리의 목표가 아닙니다.

'성공할 수 있을까? 안전할까?
결과물이 있을까?'를 묻는 대신
'주님을 사랑하는 오늘을 사는 것'
이 단순한 소망을 가집니다.

그러면 내가 이룰 수 없는 거룩을
주님이 이루십니다.

내가 꿈꾸는 안전은
주님 품 안에서만 얻을 수 있습니다.

주님이　답하시는 기도

"언제까지입니까?"

이렇게 묻는다면
우리는 답을 찾기가 쉽지 않습니다.
사람은 좀처럼 바뀌지 않고
문제는 도무지
해결될 기미를 보이지 않습니다.

"예루살렘이 회복될 날이 언제입니까?"
아들을 기다리는 아브라함에게도,
왕이 될 날을 기다리는 다윗에게도,
때를 묻는 기도에 주님은 침묵하십니다.

질문을 바꿔서
사람과 문제를 바라보는 대신
사람과 문제 앞에
내가 어떻게 반응해야 하는지를 묻는다면
주님은 말씀하십니다.

한 걸음

무언가를 시작하는 게 두렵거나
머뭇거리게 되는 이유는
이런 부담 때문이기도 합니다.

'과연 내가 감당할 수 있을까?'
'내가 이 일을 계속할 수 있을까?'

하지만 처음부터
완벽한 모양을 갖추거나
대단할 필요 없습니다.

사랑을 할 때도
작은 만남과 애정이 쌓여야
상대에게 인생을 맡겨 볼 결심이
드는 것처럼 말입니다.

처음 예수님을 믿는 순간부터
순교자가 되겠다거나

처음 가정예배를 드리면서
온갖 예배 형식을 갖추려 하면
다음 걸음은 걷기 힘들어집니다.

산책하듯 한 걸음 가볍게,
순종하며 한 걸음 걷는 것부터.

그저 한 걸음에 그치더라도
조바심 내지 말고 다시 반걸음부터.

무리를 떠나

옆을 보면, 모두가 나를 지나쳐
살아가는 것 같습니다.

하지만 나를 앞서가거나
압도하는 세상의 물결이 아니라
주님의 마음을 들여다보면
그제야 안심하게 됩니다.

예수님이 걸으셨던 시간을 봅니다.
수많은 군중 속에 계셨지만
무리를 떠나 기도하셨고, 무리를 떠나
반드시 만나야 할 사람을 만나셨습니다.

매일 살펴야 합니다.
모두가 나를 지나쳐도
여전히 곁에 계시는 분을요.

지금 그분의 마음이 흐르는 곳이 어디인가요?

작전타임

'주님,
저 잘 가고 있는 거 맞지요?'

멍하게 걸어가다가
잠깐 멈춥니다.
생각 없이 일하다가
의지적으로 손을 뗍니다.

멈춰서 기도를 하거나
예수님의 이름으로 선언합니다.
그러면 인생이라는 경기가
리셋 됩니다.

가던 길을 그냥 가면
흐르는 시간을 따라 살아가게 되지만,
멈춰서 기도하고 선포하는 것만으로
게임의 흐름이 달라집니다.

운동경기에서 작전타임이 필요하면
감독은 타임을 부르고
이길 전략을 구상합니다.

그런데 우리의 경기에는
감독이 직접 참여하여 함께 싸우십니다.

정신없이 분주한 마음을 붙잡고
판단하던 말을 멈추고
다툼과 슬픔의 감정을 가라앉히고

우리 영혼에 주님이 개입하시길,
우리 인생을 새롭게 그려 주시길,
우리 일상에 하나님나라가
세워지길 간구합니다.

예수님이
어린아이 하나를 안으며
말씀하십니다

"누구든지 내 이름으로
이런 어린아이 하나를
돌보고 사랑하면
나를 그렇게 사랑하는 것과
마찬가지란다"

한 번 사는 인생,
오늘을 특별하게 사는 방법은
우리 일상에서 멀지 않습니다

인생에

꼭

필요한 시간

Australia

Germany

Kenya

Korea

Korea

Korea

Israel

Russia

Mongolia

Germany

Korea

주인공

아이가 색종이로
천국의 모양을 만들었습니다.
청보석, 홍보석, 형형색색 보석들로
룰루랄라 천국을 꾸몄습니다.

"소명아, 천국에 가면 뭐가 좋을까?"

보석을 만드는 중이기도 했고,
원래 예쁜 모양을 좋아해서
색종이로 보석을 만들어
호주머니에 넣고 다니기도 하는 아이라
보석과 관련된 답을 기대했습니다.

"응, 나는 거룩한 성에 들어갈 거야.
그래서 하나님을 꼬옥 안아 줄 거야.
하나님 품에 안겨 보고 싶어.
그리고 성경에 나오는 인물들을
한 명 한 명 만나 보고 싶어."

보석은

그저 천국의 장식일 뿐입니다.

그 거룩한 성의 주인공은 우리 주님.

나도 주님을 꼬옥 안고

그 품에 안기고 싶습니다.

갈증

네팔에 강진이 왔을 때였습니다.
나는 갑상선 기능이 좋지 않아서
뜨거운 날씨와 가득한 먼지와
갈증 때문에 피로감이 극심했습니다.

게다가 머물던 곳에 전기가 끊겨서
미지근한 물로는
목마름을 해결할 수 없었지요.

다행히 의료진으로부터
전해질 보충제를 얻어
한숨 돌렸던 기억이 있습니다.

다른 건 참겠는데, 타는 목마름은
정말 죽을 것 같은 고통이었습니다.

물리적인 갈증은 몸이 견디지 못해서
어떻게든 방법을 찾아냅니다.

하지만 영적인 갈증은
근원을 찾는 대신
쉬운 대체품을 찾게 됩니다.

기쁨 대신 재미로,
평안 대신 편안으로,
온갖 자극적인 것들로
해갈하려 하지요.

그러다 보면 목마르지만
목마르지 않은 것처럼 느낍니다.

목이 마르면
갈증의 근원을 찾으려 애쓸 텐데,
세상에는 목마름을 느끼지 못할 만큼
나를 취하게 하는 것들이 가득합니다.

풍요의   이면

낙후한 외국에 가 보면
'이른 밤'을 경험합니다.

해 지기 전에 마을에 머물든지
숙소로 돌아와야만 하지요.
자동차의 헤드라이트로는
집에 돌아오기 힘들 정도로
칠흑 같은 어둠이 온 땅을 뒤덮습니다.

또 그곳에서는 '단순한 삶'을 경험합니다.
고되고 노곤한 육체는 밤에 쉼을 얻지요.

이때 '단순하다'라는 말은
거칠고 험하거나 무식하다는 뜻
언저리에 있는 말이 아닙니다.

이는 나를 취하게 하는 것들을 털어 내고,
주님과 만나는 접촉면의 불순물을

정돈한다는 의미와 가깝습니다.

그러다가 한국으로
일상으로 돌아오는 순간,
풍요로움이 나를 감쌉니다.
온갖 단순하지 않은 요소가
하나님과의 동행을 적극적으로 방해하지요.

선교지에서 만난 이들과
오랜만에 이야기하면
그때가 좋았다고 입을 모읍니다.
불편한 잠자리와 이동 수단, 느린 인터넷 속도,
오후 다섯 시면 문을 닫는 상점들….
대체 더 좋을 게 뭐란 말인가요.

하지만 더 좋았다고 말하는 이유는
그곳에서 누린 주님과의 친밀함 때문입니다.

주님이 주신 풍요로움이
되려 내 눈을 멀게 할지 모릅니다.

오물

아프리카의 쓰레기 더미 숲에
들어간 적이 있습니다.

용기 내어 한 발을 디뎠을 때
더럽고 진득한 오물이 발에 들러붙었습니다.
한 발 한 발 밟을 때마다
각오 따위가 필요했습니다.

내가 혈과 육을 가졌기에
예수님도 혈과 육을 가지셨습니다.
건져 내야 할 이들이 혈과 육을 가졌기에
그분은 인간의 자리로 내려오셨습니다.

쓰레기 더미 숲과는 비교할 수 없이 더러운
이 땅에 뛰어드셨습니다.

이곳에서 더러움을 품으셨고,
더러움에게 고난 당하셨습니다.

마지막 형틀에서는
모든 저주를 받아 내셨습니다.

평생 노예로 살아야 할 나를 위해서
쓰레기 더미를 사랑으로 품으셨습니다.

그리고 이제
당신의 영광의 자리로
함께 들어가자고 말씀하십니다.

예수님의 초청은 끝이 없습니다.

어리석은　반응

소명이가 어릴 적에
잘못한 것에 대해 혼을 냈더니
아이가 씩씩거리고는 울며 말했습니다.

"난 아빠가 싫어. 아빠랑 다시는 안 놀 거야.
영원토록 아빠와는 말도 안 할 거야!"

그런데 십여 분이 지나서 화해하고
우리는 다시 친한 사이가 되었습니다.
소명이가 함박웃음을 지으며 말했습니다.

"난 아빠가 좋아. 세상에서 아빠가 가장 좋아."

만약 화가 난 소명이의 말을
문자 그대로 받아들였다면 어땠을까요?

"너 지금 한 말 다시 해 봐. 영원토록?
너 그 말 책임질 수 있어? 나도 너 싫어!"

아마 우리는
화해하기 힘들었을지 모릅니다.

아이는 자기가 하는 말이
어떤 의미를 담고 있는지 다 알지 못합니다.
그저 속상하고 슬픈 감정을
이런저런 말로 쏟아 내는 것뿐이지요.

나발에게 화가 나서 복수하려는 다윗에게
아비가일이 말합니다.

"나발은 이름 그대로 어리석은 자입니다."

혹시 어리석은 자의 말과 상황 앞에
똑같이 반응하고 있지는 않나요?

변하지 않는 상대,
사실과 다른 말들 앞에서
잠시 판단을 유보하고 주님께 묻습니다.

힘　기르기

"아빠, 몸속에 피가 없어지면
어떻게 되는 거예요?"

"그러면 사람이 죽겠지?"

"그래도 예수님이 사람을
다시 살리실 수 있잖아요."

"소명아, 물론 예수님이
사람을 살리실 수 있지만
죽었다가 살렸다가
죽었다가 살렸다가 하면
세상이 뒤죽박죽되지 않을까?"

"흐음⋯."

"속상하고 슬픈 일이 있을 때
우리가 마냥 기도만 하면 될까?

물론 기도도 해야 하지만
동시에 속상하고 슬픈 일을 통해
아픔을 이겨 낼 힘도 길러야지.

기도할 때마다 하나님이 항상
우리 뜻대로 응답해 주시면,
우리는 기적만 기다리고
아무것도 하지 않은 채
평생 아이로 살아가야 할지도 몰라."

마음의   화답

늦은 밤, 집에 들어왔더니
아이들이 남긴 메시지가 있었습니다.

딸 온유는 내 책상에
작은 메모를 적어 놓았습니다.

"사랑하는 아빠에게"로 시작한 편지는
사랑하기 때문에 사랑한다는,
온통 사랑 가득한 내용의
따뜻한 편지입니다.

그런데 아들 소명이의 흔적은 독특합니다.
컴퓨터 키보드에 거미 모형을 올려 놓았습니다.

왜냐하면 언젠가
무심코 키보드를 누르려다
거미를 보고 깜짝 놀랐던
아빠의 반응 때문입니다.

내가 어떻게 반응하느냐에 따라
아이들의 장난을,
또는 사랑의 표현을 이끌어 낼 수 있습니다.

상대가 힘겹게 꺼낸
사과의 말을, 사랑의 표현을,
주님이 주신 마음을 무시해 버린다면
다음에는 그런 행동을 기대하기 어렵지요.

서툴고, 아무것도 아닌 듯 작아 보이지만
그다음 걸음을 걷게 만들고 싶다면

사과의 말에는 용서를,
사랑의 표현에는 함께 사랑하기를,
주님이 주신 마음에는
감사의 고백을 전해 보세요.

첫걸음을 적절하게 내딛으면
다음에는 더 따뜻하게, 더 용기 있게
더 잘 전할 수 있을 거예요.

빈자리

아내가 고등학생 때
아버지가 교통사고로 돌아가셨습니다.

영적 버팀목이자 사랑의 대상이었던
아버지의 부재로 아내의 상실감은
이루 말할 수 없을 정도였습니다.

아내는 그 아픔의 때에
이렇게 기도했다고 합니다.

"주님, 육의 아버지가 떠나갔으니
이제 주님이 제 아버지가 되어 주세요."

야곱은 자신의 유모 드보라를
상수리나무 아래에 묻습니다.
형 에서에 대한 두려움 때문에
어머니와 헤어진 야곱에게
유모는 어머니와 같은 존재였을 겁니다.

하지만 유모가 죽고 난 후,
하나님은 야곱의 이름을
'이스라엘'로 고쳐 부르시며
그에게 특별한 약속의 말씀을 들려 주십니다.

우리는 살면서
많은 고난과 슬픔,
아픔과 부재의 시간을 만납니다.

하지만 슬픔이 그저 슬픔이고,
아픔이 그저 아픔이 아닐 수 있습니다.

만일 우리 영혼에 빈자리가 있다면
그 자리로 주님을 초청하세요.
그 자리에서 주님을 만나길 기도하세요.

그러면 주님의 사랑에 힘입어
슬픔이 변하여 춤이 되며
아픔이 변하여 기쁨이 될 것입니다.

고통의 이유

하루 동안 각자 다른 사연을 가진
사람들을 만났습니다.

부모님을 떠나보내 마음이 아픈 사람,
암 선고를 받은 사람과
암 수술로 몸이 아픈 사람,
가장으로서 하루하루를
쉼 없이 살아가는 사람을요.

누가 가장 힘든 사람인가요?

누구랄 것 없이
모두가 각자의 어려움 속에
힘든 시간을 보내고 있었습니다.

하지만 하나님이 우리에게 말씀하시면,
그래서 오늘 이 힘겨운 시간을
지나는 이유를 조금이라도 알게 되면

하루의 의미가 달라집니다.

지옥 같은 하루가
순식간에
감사의 이유가 되는 것을 봅니다.

그렇다면 주님,
매일 말씀해 주세요.
주님의 빛을 비춰 주세요.

제가 한번 살아 보겠습니다.

전부

내가 만난 한 아픈 아이의 엄마는
오늘이 마지막인 것처럼
아이를 사랑했습니다.

지친 하루지만 아이가 씻기를 원하면
다시 힘을 내어 아이를 씻기고
이런저런 수고를 했지요.

매일 전심으로 아이를 보살피는 것이
힘에 부치겠지만,
그보다 힘든 일은 힘을 아껴 놓았다가
그날이 마지막이 되어서
평생 후회하게 되는 일이
아닐까 생각합니다.

오늘 전부를 내어 주는 사랑,
그 아름다움을 배웁니다.
주님, 오늘 사랑할 힘을 주세요.

친구가   되어 주는 일

입원하신 한 선교사님을
병문안하기 전날,
누가복음 6장을 읽었습니다.

하나님께서 이런 마음을 주셨지요.

'나의 사랑하는 딸을 돌봐 주어라.
그가 나를 위해 수고하고 또 수고했다.
딸이 이제 나이 들어 외로운데
네가 그의 친구가 되어 줄 수 있겠니?'

내가 대답했습니다.

'제 안에 사랑이 없지만,
아버지의 사랑으로 그렇게 하겠습니다.'

가족도 없고 몸에 기력도 없어서
깊은 외로움 가운데 계신 선교사님과

함께 식사하며 울고 웃었습니다.
손 흔들고 헤어질 때
그 분은 밝게 웃고 계셨지요.

돌아오는 길,
주님이 이런 마음을 주셨습니다.

'오늘 네가
내 딸과 함께한 식사는
너의 기도만큼이나 귀했단다.'

사랑　고백

나이 많은 신앙의 선배가
내 앞에서 눈물을 흘립니다.

그가 말합니다.

"예수님의 사랑을
어떻게 말로 다 표현할 수 있을까요?"

초신자도 아니고
육십여 년을 열심히 믿어 온 그는
마치 오늘 처음 사랑하기 시작한 사람처럼
주님을 뜨겁게 사랑했고,
그 사랑을 고백했습니다.

"예수님은 그저
솜씨 좋은 유력자가 아닙니다.
그분은 나의 구원자십니다.

나를 구원해 줄 사람이
세상에 누가 있을까요?

나를 위해 자기 자신을 던진 사랑은
오직 한 분밖에 없습니다.

만왕의 왕이신 주님이
낮고 낮은 내 시간에 찾아오셔서
나와 시선을 맞추고
사랑으로 나를 만나 주십니다.

단 하루, 한순간의 사랑이 아닌
내 평생을 넘어 영원한 사랑으로."

무익한 종

언젠가 여행 중에
대기업 사장님과 동행했습니다.
그가 나와 영상 일을 하는 동생들에게
이런 일은 돈을 못 벌지 않느냐며
조소했지요.

나는 그에게 우리가 하는 작업과
자랑할 만한 작업물의 이름을 열거하며
생의 의미를 증명하려 했던 것 같습니다.
동생들의 기를 살려 주고 싶었던 모양입니다.

그런데 그날 밤,
나는 처절하게 회개할 수밖에 없었습니다.

내가 이 길 위에 서 있는 이유가
마치 다른 좋은 기회들을 마다하고
하나님을 위해 봉사하는 것처럼
떠들어 댄 것과

주께서 죽을 수밖에 없는 죄인을 구원하사
그분의 은혜 가운데 살게 하셨다는 진실을
그에게 전하지 못한 것에 대해서요.

아무도 듣는 이 없는 밤,
주님께 고백했습니다.

"자격 없는 제게
은혜를 주시어 살게 하신,
나를 불러 주신 그 은혜만으로 감사합니다.

'내가 이만큼 수고했습니다'가 아니라
'나같이 작은 자를 써 주셔서 감사합니다.'"

> 너희도 명령 받은 것을
> 다 행한 후에 이르기를
> 우리는 무익한 종이라
> 우리가 하여야 할 일을
> 한 것뿐이라 할지니라
>
> 눅 17:10

진짜를   알아보는 눈

제주에서 선물 받은 귤을 먹고,
소명이가 좋아하는 과일 순위는
사과에서 귤로 넘어갔습니다.

스스로 자신을 '귤돼지'라고
부르기까지 합니다.

진짜는 순위를 바꿉니다.

우리는 본질과 비본질이 뒤섞인
현실 속에서 살아가고 있습니다.
보석을 보고도
그냥 지나칠 수 있는 시대이지요.

남 유다의 마지막 종교 개혁을
주도했던 요시야 왕은
율법책이 발견되었다는
사반의 보고를 듣고 옷을 찢었습니다.

넘쳐나는 보고에서
무엇이 보석인지 알아채는
눈과 마음이 그에겐 있었지요.

우리도 진짜를 만날 때,
이전에 아끼고 선호했던 것들을
순위에서 내릴 수 있기를

지체하지 않고
내 생각과 마음을 찢을 수 있기를

진짜가
내 심장에 자리하기를 원합니다.

무기

사진 수업을 할 때 보면
첫날에는 학생들이
멋진 카메라를 구입해 옵니다.

사진을 배우기 위해
사진기를 준비하는 건 당연합니다.

하지만 막상
첫 강의를 함께하고 나면
자기 몸에 맞지 않는 옷을
입었다는 사실을 알게 됩니다.

몇 배율의 줌이 되는 좋은 렌즈라고
큰돈 들여 사 왔지만,
정작 보다 저렴한 렌즈가
자신이 원하는 투명한 사진을
뽑아낼 수 있다는 것도 알게 되지요.

내 용도에 맞는 무기,
내 싸움에 맞는 옷이 무엇일까요?

다윗은 사울이 건네 준
왕의 갑옷과 무기를 거절했습니다.

골리앗과의 싸움에서는
냇가의 흔해 빠진 돌멩이가
가장 적절했기 때문입니다.

오늘이라는 전장에
나는 무엇을 가지고 나설까요?

끝까지   사랑하기

모두가 하나님의 나라를
구한다고 말은 하지만,
하나님의 나라를 구한다고 모인
사람들 사이에
왜 그리도 불편함이 많을까요?

서로 다른 성격과 기질과 배경을
가졌다고는 하지만,
관점이 어찌 이리도 다를까요?

그나마 이렇게 모인 사람들은
서로를 품어 주고
인내해 줄 수 있습니다.

하나님의 나라는 서로 다른
조각을 만나야 온전해지니까요.
많은 것을 양보한 후에
집에 돌아오면 쉴 수 있으니까요.

하지만 원수도 사랑하는
놀라운 능력을 가진 사람들이
정작 가장 가까운 이들에게는
마음을 지키지 못합니다.

매일 만나 살을 부대끼기 때문입니다.
잠깐의 선한 연기와
노력으로는 되지 않는
삶 자체와의 싸움이기 때문입니다.

결혼을 하고 가정을 이루거나
공동체 안에서
누군가를 위해 희생하고
누군가를 사랑하게 되면
예수님의 마음을 배웁니다.

거리를 두고 사랑하는 것이 아닌
품고, 덮어 주고, 끝까지 견디는 것이
사랑입니다.

기도의 씨앗

"아빠 엄마가
나를 수련회 보내 준 게 아니라
하나님이 내게 은혜 주시려고
수련회 보내 주신 거야."

언젠가 수련회에서 돌아온 딸아이가
차 안에서 들려 준 말입니다.

남들 앞에서 눈물 흘리는 걸
부끄러워하는 아이가
기도 시간마다 참 많이 울었다고 합니다.

기도가 기도를 가르치고
기도를 통해 주님을 만납니다.

'하나님, 아이들이
당신의 은혜로 살아갈 수 있도록
당신의 얼굴빛을 비춰 주세요.'

불을 비추어야

보이는 것

어둠이 짙어야

보이는 것

Mongolia

United States of America

Korea

Mongolia

Philippines

Israel

China

Philippines

Philippines

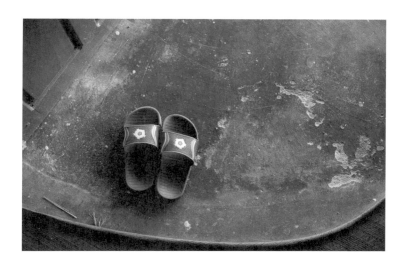

Nepal

보이는 것 이면에
보이지 않는
보석들이 있습니다

믿음의 사람에게는
그 이면의 것들이
가득합니다

보이지 않는 이면을
볼 수 있는 눈,
보이지 않는 믿음으로
보이는 세상을
살아갈 수 있는 믿음

함께

내가 나의 아들 예수 그리스도를
십자가에 못 박았을 때
얼마나 아팠는지 아니?

얼마나 가슴을 찢으며
눈물 흘렸는지 아니?

그러나 나는 또한 기뻤단다.

왜냐하면 내가 그 피 값으로
너를 얻었기 때문이지.
내가 그 피 값으로
너의 기쁨을 샀기 때문이야.

너는 결코 작은 존재가 아니란다.

네가 얼마나 아름다운지,
얼마나 귀한 존재인지 아니?

나는 기억한다.
내가 너를 얼마나 귀하고
아름다운 존재로 만들었는지를.

스스로 쌓아 둔 벽을
무너뜨리고 내게로 나오렴.
아버지 앞에 나아가는 길을
그 어떤 것도 막을 수 없다고 선포하렴.

걱정하지 말고
나를 믿고 따라와 주기만 하면 돼.

그래,
끝까지 포기하지 말고
나를 바라보며 나아오렴.

그렇게 우리 함께 갈 수 있겠니?
그렇게 우리 함께하자.

광야

하나님의 사랑이 나를 압도할 때
나는 광야를 걸을 수 있습니다.

"너는 내 사랑하는 아들이라
내가 너를 기뻐하노라"(막 1:11).

하늘로부터 들려오는 소리가 있은 후,
하나님은 곧장 성령님을 통해
사랑하는 아들을 광야로 내모셨습니다.

우리가 광야에서 살아가는 건
하나님이 무능력하시거나
우리에게 무관심하셔서가 아닙니다.

사람이 살지 못하는 땅에도
그 어느 곳에도
하나님의 사랑은 멈추지 않습니다.

존귀한 자

나를 다른 사람과 비교하는 순간,
실망과 자기 연민에 빠집니다.

나는 누구인가요?
하나님의 형상대로 지음 받은
존귀한 자입니다.

또한 나를 위해 자기 아들을
아끼지 않고 내주신 천부께서
그 아들과 모든 것을
나에게 더하여 주십니다.

또한 나의 연약함을 체휼하신 주님은
지금도 보좌 우편에서
나를 중보하고 계십니다.

"내가 떠나가는 것이
너희에게 유익이라"(요 16:7).

주님이 이렇게까지 말씀하며 보내 주신
성령께서 지금 내 안에 거하시며
나를 위해 말할 수 없는 탄식으로
간구하십니다.

내 생명과도 바꿀 수 없는 가치이신
하나님 그리고 그분의 아들.

하나님의 아들은
하나님의 전부와도 같습니다.

그 전부를 드린
피 값으로 나를 사셨기에
피조물에 불과한 내가
존귀한 자가 되었습니다.

하나님의 가치만큼
나는 존귀한 자입니다.

참 빛

나 자신에게 아주 실망한 어느 날,
주님 앞에 건방진 태도로
머물러 있었습니다.

"저 건들지 마세요.
저는 항상 제자리에서
맴도는 아이니까요.
칭찬을 하시든 책망을 하시든
저는 계속 그런 아이로 있을 거예요."

내 마음의 태도는
지루한 인생 속에 돌이나 나무처럼,
화석처럼 굳어 갈 거라는 입장이었습니다.

그런데 주님이 다가오셔서
이렇게 말씀하셨어요.

'너에게 예수님의 마음이 있구나.'

칭찬도 책망도 아닌
내 시선을 전혀 다른 곳으로 옮기셨습니다.

내게 빛이 있다면
내게서 그 빛이 생겨나는 것이 아니라

전혀 다른 새로운 곳,
메마름 없는 원천이신 그분이
내 안에 거하신다는 생각에
그저 울 수밖에 없었습니다.

늘 제자리에 머물러 있어도
그 빛 때문에 나는 오늘 존재합니다.
그것만으로 충분히 가치 있습니다.

참 빛이 있었다.
그 빛이 세상에 와서
모든 사람을 비추고 있다.

요 1:9 새번역

용서

혹시 자신을
무덤에 묻어 두고 있지는 않나요?

모두가 나를 용서했다 하더라도
나는 내 자신을 용서할 수 없어서
우는 것도 지쳐서
그만 내버려 두고 있지는 않은가요?

"주님, 형제가 내게 죄를 범하면
몇 번이나 용서하여 주리이까?"

"일곱 번을 일흔 번까지라도 할지니라."

예수님은 수없이
용서하라 말씀하셨습니다.

주님이 나를 그렇게 용서하셨기에
나도 용서 받은 자로서 누군가를 그렇게

아버지의 마음을 따라서
마땅히 용서해야겠지요.

그런데, 용서할 대상에
나를 제외하고 있지는 않나요?

나는 나를 용서하고 있나요?
나에게 또 한 번의 기회를 주고 있나요?

이제 용서하세요.

주님이 내게 그렇게 하셨기에
나도 나를 그렇게 용서합니다.

주님의 은혜가 임하면,
오늘은 어제와 전혀 다른
새로운 아침이 됩니다.

영적   상상력

눈에 보이지 않는 것을
볼 수 있는 능력, 영적 상상력.

이 상상력이 부재하면
우리는 눈앞에 있는 것에서
벗어날 수 없습니다.

영적 상상력,
그마저 동원할 수 없어서
사방이 칠흑같이 어둡다면
그때는 기억력을 동원해야 합니다.

지금 내 삶에는 출구가 없지만,
출구 없는 상황에서
하나님은 어떻게 일하셨나요?

앞은 막다른 곳, 뒤는 애굽의 추격
그때 주님이 어떻게 일하셨나요?

모세가 바다 위로 손을 내밀매

여호와께서 큰 동풍이

밤새도록 바닷물을 물러가게 하시니

물이 갈라져 바다가 마른 땅이 된지라

출 14:21

눈에 보이는 것만

의지하는 것이 아니라

눈에 보이지 않지만

내 마음을 붙들어 주시고

내 마음을 회복시키실

살아 계신 하나님을 의지합니다.

오늘의 믿음을 주세요.

오늘의 말씀을 주세요.

내게   물으렴

너의 시간을 내게 주어서 고마워.

너에게 언제나 갈 수 있고
너에게 언제나 말을 걸 수 있어서 기쁘단다.

많은 사람이 참 분주하구나.
많은 것에 정신이 팔려 있구나.
하지만 너는 나에게 초점을 두고
나와 언제든 만나 주어 기쁘단다.

네 인생의
진로와 방향을 결정하는 순간마다
나에게 물어봐 주어서 고맙구나.

거룩한 것과 그렇지 않은 것,
이 둘은 명확하게 구분되지 않아.
드넓은 회색지대에서
너는 내게 끊임없이 물으렴.

비전과 욕심

'내가 세운 비전이 욕심은 아닐까….'

비전과 욕심이
명확하게 구분되지 않아
두려울 때가 있습니다.

비전으로 둔갑한 욕심을
마음에 품기도 하고,
욕심처럼 보이는 선택이
순종일 수도 있기 때문입니다.

여호수아는 하나님이 주신 사명을 따라
가나안으로 진군하려 했습니다.

그때 한 사람이 그의 앞을 막아섭니다.

여호수아는 전쟁의 승패가 중요했기에
그가 아군인지, 적군인지를 묻습니다.

"너는 우리를 위하느냐
우리의 적들을 위하느냐"(수 5:13)?

그러자 그 사람은 자신이
여호와의 군대 장관이라고 밝힙니다.
그리고 전쟁에 몰두한 여호수아에게
그의 질문을 뛰어넘는 말을 합니다.

"네 발에서 신을 벗으라
네가 선 곳은 거룩하니라"(수 5:15).

상대가 아군인지, 적군인지를 판단하는 대신
내가 주님의 군사가 되는 것이 정답입니다.

비전인지, 욕심인지를 알 수 없을 때
매일 나를 이끄시는 주님을 따라간다면
비전과 욕심 사이 구분은 의미 없어집니다.

가라 하시면 가고, 서라 하시면 서고
그것으로 충분합니다.

모든 것 넘어

예수님이 환호하는 군중을 떠나
산으로 피하신 이유는
그들이 예수님을 왕으로
삼으려 한다는 걸 아셨기 때문입니다.

예수님이
'오실 그 선지자'인 것은 맞지만,
그분을 향한 저마다의 기대가
달랐던 것입니다.

예수님은 사람들의 기대를 넘어
당신의 피조물에게 베푸실
최고의 사랑을 준비하고 계셨습니다.
하지만 사람들은
당장의 단기적인 해결을 원했습니다.

나는 예수님을
"나의 주, 나의 왕"이라고 부릅니다.

옳은 호칭이지만, 어떤 의도로
그분을 바라보고 있나요?
그분께 무얼 요구하고 있나요?

오병이어를 곁에서 경험한 제자들은
물 위를 걸어오신 예수님을 보고
두려워서 떨었습니다.

내가 제한하는 예수님의
사역의 범위, 능력의 범위, 영역의 범위,
이 모든 것 넘어 그분은 일하십니다.

예수님은 자신에 대한 몰이해로 가득한
대중과 제자들을 위해
자신이 누구인지를 끊임없이 가르치십니다.

'너는 나를 누구라 하느냐?'

내가   거하겠다

나는 오늘을 알 수 없습니다.

누군가의 실패를
실패라 단정할 수 없고,
주님 앞에 신실한 오늘을 보고
내일도 그럴 거라 장담할 수 없습니다.

두 믿음의 선배를
다투게 했던 장본인 마가가
훗날 바울의 귀한 동역자가 되었고
복음서의 저자가 되었습니다.

반면에 바울의 귀한 동역자로
두 번이나 언급되었던 데마는
말년에 바울을 떠나 세상으로 향했습니다.

실패한 누구라도
주님 앞에 다시 설 수 있으며

주님 앞에 선 자 같지만
언제든 세속에 물들 수 있습니다.

언젠가 주님이
내게 말씀하셨습니다.

'네 마음은
깨질 것처럼 연약하단다.
그래서 깨지고 아플 수 있지만,
연약하기에
내가 네 마음에 거하겠다.'

오늘, 이 약속을 붙듭니다.
알 수 없는 내일이어서
더욱 주님의 은혜를 구합니다.

주님 없이 살 수 없는 존재라서
감사합니다.

옳은   결정

"임금님이 바로 그 사람입니다"

(삼하 12:7 새번역).

다윗은 왕이었지만
나단의 지적에 바로 무릎을 꿇습니다.

수많은 사람 앞에서
자신의 왕권을 보전하기 위해서는
품위를 유지했어야 하지 않나요?

범죄한 그 순간에도
사무엘이 자신을 선대하고 있다는 모양을
백성에게 보이려 한 사울처럼 말입니다.

그러나 다윗은 중대한 길목에서
사람이 아닌 하나님 앞에 서는
옳은 결정을 합니다.

다윗을 왕으로 세운 분은
그 누구도 아닌 하나님이시기 때문이지요.

나단의 이 지적은
잠시 집을 잃고 헤매던 다윗에게
'다시 내 품으로 돌아오라' 말씀하시는
아버지의 외침과도 같았습니다.

자신의 실상을 보게 할 뿐 아니라
하나님 안에서 자신의 신분을
깨닫게 했지요.

오늘 나는 누구를 만나게 될까요?
그에게서 어떤 말을 듣게 될까요?

매 순간, 매일의 일상을 통해
아버지의 품으로 돌아갑니다.

'네가 바로 그 사람이란다.'
"네, 주님. 제가 바로 그 사람입니다."

그리스도의 마음

수고하고 무거운 짐 진
내 자녀야, 내게로 오렴.

오늘 나와 함께 살자.
오늘 나와 함께 걷자.
내일도 오늘처럼 걸으면 된단다.

나와의 동행은 인고의 시간이 아니야.
즐겁고 기쁜 매일이 될 거야.
사람들은 그런 너를 보고 혀를 차겠지만
그런 모습은 성경에 수없이 등장한단다.

노아가 방주를 만드는 광경을 생각해 보렴.
나무를 자르고, 못을 치고, 옷깃으로
땀을 닦아 내는 모습을 떠올려 보렴.
사람들이 그를 어떻게 바라보았겠니?

하지만 그를 손가락질하던 이들은

모두 홍수에 휩쓸려 가고,
오직 방주에 탄 자만이 나의 구원에 참여했단다.
사람들은 방주의 닫힌 문 앞에서
울며 후회했을 거야.

하지만 그때, 나도 울고 있었단다.
나를 이해할 수 있겠니?

방주가 완성될 때까지
내가 얼마나 오랜 시간 동안
그들이 내게로 돌아오기를,
회개하기를 기다렸는지 아니?

기다림의 시간은 심판의 순간보다
비교할 수 없을 만큼 길었단다.

너는 내 기쁨에 참여하렴.
그리스도의 마음을 가지렴.
그 마음으로 많은 이의 마음을 두드리렴.
아무도 내가 하는 일을 막지 못한단다(신 32:39).

두려움의 대상

복음을 전하고, 이동하고,
핍박을 당하다가 또 피하고….

바울의 전도 여행은
반복적인 패턴을 보입니다.
그런 그가 고린도에서 이례적으로
오랫동안 머물게 됩니다.

이동을 멈춘 가장 큰 이유는
주님이 말씀하셨기 때문입니다.

"두려워하지 마라.
내가 너와 함께 있단다.
이 도시에는 내 백성이 많다"(행 18:9,10).

두려워하지 않을 수 있는 근거는
주님이 나와 함께하신다는
약속 때문입니다.

이제껏 핍박을 당해서 생긴
트라우마가 있을 수 있습니다.

그러나 주님이 말씀하시면
두려워하지 않겠습니다.

주님이 말씀하시면
언제든 순종할
의지와 여지를 갖겠습니다.

주님이 아니면
모든 것이 두렵지만,
주님을 정말 두려워하면
다른 모든 것이 두렵지 않습니다.

한 사람

마흔 명의 사람이 자기 목숨을 걸고
한 가지 목표를 향해 달려든다면
그것을 저지하기란 쉽지 않습니다.

그들의 목표는
바울을 제거하는 일이었습니다.
스스로 자신들에게 저주의 맹세를
씌우면서까지 이 일에 몰두했지요.

하지만 그들의 집념이 무색하게
이 일은 흐지부지되고 말았습니다.

바울의 생질, 이름 모를 청년이
그들의 모의를 알게 되었기 때문입니다.

결국 바울은
사백칠십 명의 호위병에게 둘러싸여
가이사랴로 안전하게 이송됩니다.

"담대하라. 네가 … 로마에서도
증언하여야 하리라"(행 23:11).

이름 모를 청년 한 사람이
복음을 로마로 향하게 만듭니다.
이 청년은 주님의 약속에 대한
응답이기도 합니다.

우리는 바울이 아니며
베드로나 바나바, 야고보도 아닙니다.

역사의 한 점, 그것도
보이지 않는 희미한 점에
지나지 않을 수 있습니다.

하지만 주님이
그분의 약속을 성취하기 위해
쓰시는 한 사람,
약속에 반응하는
이름 모를 한 사람이길 기도합니다.

이유　있는 시간

한 번에 명확하게
가야 할 길을 찾는 것이
가장 좋은 수이며
인생을 허비하지 않는 거라고,
사람들은 가르치거나 믿고 있습니다.

하지만 인생의 답은
그런 식으로 쉽게 찾아지지 않으며
하나님이 우리를 그렇게
인도해 가시지도 않습니다.

하나님은 다윗을 향한
명확한 뜻과 계획을 가지고 계셨습니다.

그래서 다윗이 목동일 때
이미 선지자를 통해 그에게 기름부으셨지만,
다윗은 허비되는 시간처럼 보이는
광야의 시절을 지나야만 했습니다.

하나님은 모세에게도
그를 통해 이루실 놀라운 그림을
그리고 계셨지만,
그도 광야에서의 시간을
지나야 했습니다.

성냥이나 부싯돌이 없어서,
다시 말해 하나님께 능력이 없어서
오랜 시간 가시떨기에
불을 못 붙이신 게 아니란 겁니다.

우리는 인생에
허비되는 시간이 없기를 바랍니다.
하지만 그 어쩔 수 없는 시간조차
나에게 꼭 필요하다는 걸 알아야 합니다.

이유를 알 수 없는 시간 속에서
믿음으로 반응하며
아버지의 마음을 구합니다.

사랑을

말하지 않고는

고통을

이해할 수 없습니다

Australia

France

Korea

Japan

Korea

Korea

Spain

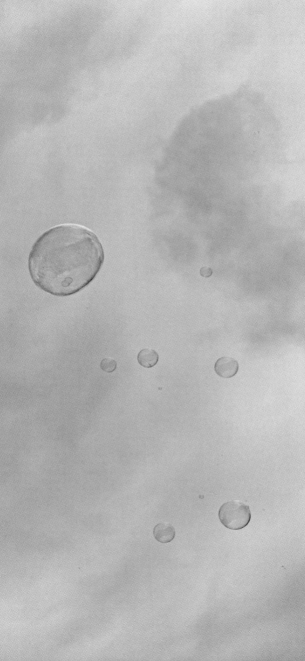

Philippines

알아   주겠니?

네 수고가 결코 헛되지 않단다.

아주 조금씩이지만,
나에게 나아왔던 그 모든 수고와
애씀과 노력을 내가 다 기억하고 있단다.

그것이 결단코 내 앞에서 헛되지 않으며
사라지지도 않는단다.

부탁할 것이 하나 있다.

조금만 더
나를 믿어 줄 수 있겠니?
아주 조금만 더
순종함으로 나아올 수 있겠니?

너를 위해 내가 준비한 것들이 있단다.
내 마음을 알아 주겠니?

하나님의 그림

열일곱 요셉은 그 의미도 모른 채
하나님이 주신 꿈을 꾸었고,
장차 만백성을 구원할
총리로 계획되었습니다.

그런데 그의 인생에
종살이와 투옥, 불운이 이어집니다.
우리가 보기엔 절망적입니다.

그러나 하나님은 그분의 일을 하십니다.

> 그 땅에 기근이 들게 하사
> 그들이 의지하고 있는 양식을 다 끊으셨도다
> 그가 한 사람을 앞서 보내셨음이여 …
> 곧 여호와의 말씀이 응할 때까지라
> 그의 말씀이 그를 단련하였도다
> 시 105:16,17,19

우리를 통해 그리고자 하시는
하나님의 그림이 있습니다.

　　창세 전에
　　그리스도 안에서 우리를 택하사
　　우리로 사랑 안에서 그 앞에
　　거룩하고 흠이 없게 하시려고
　　그 기쁘신 뜻대로 우리를 예정하사
　　예수 그리스도로 말미암아
　　자기의 아들들이 되게 하셨으니

　　엡 1:4,5

고난 뒤에 감춰진
하나님의 마음은 '사랑'입니다.

만일 내게 아픔과 고난이 없다면
내 눈은 하나님과 맞춰지기 어렵습니다.

나를   살게 하는 것

하나님의 마음은
힘든 중에, 아픈 중에, 고난 중에
더욱 알게 됩니다.
그것이 광야가 존재하는 이유겠지요.

광야는 히브리어로 '미르바르'입니다.
이 단어는 '말씀'을 뜻하는 '다바르'에서 나왔고
'미'는 'from'을 뜻합니다.

이는 광야가 바로
'하나님이 말씀하시는 곳'임을 의미하지요.

그래서 볼품없어 보이는 이곳을
하나님의 사람들이 모두 거쳐 갔나 봅니다.

사람 눈에 전혀 쓸모없고 버려진 듯한 이곳이
바로 하나님의 사람으로 빚어지는
제련소일 줄 누가 알았을까요.

사십 년간 이 광야 길을 걸어간

이스라엘 백성에게

하나님이 말씀하셨습니다.

"네 하나님 여호와께서 이 사십 년 동안에

네게 광야 길을 걷게 하신 것을 기억하라

이는 너를 낮추시며 너를 시험하사

네 마음이 어떠한지 그 명령을 지키는지

지키지 않는지 알려 하심이라

너를 낮추시며 너를 주리게 하시며

또 너도 알지 못하며

네 조상들도 알지 못하던

만나를 네게 먹이신 것은

사람이 떡으로만 사는 것이 아니요

여호와의 입에서 나오는

모든 말씀으로 사는 줄을

네가 알게 하려 하심이니라"(신 8:2,3).

길 위에서 던진 질문   197

"여호와의 입에서 나오는 모든 말씀."
이 구절의 원문은
"여호와의 입에서 나오는 모든 것"입니다.
이는 수많은 풍경을 연상시킵니다.

주님은 "빛이 있으라" 하신 말씀으로
천지 만물을 만드셨습니다.

그리고 당신의 호흡으로
아담과 하와를 지으셨습니다.
또 그 호흡으로 우리를 살게 하십니다.

무엇보다 말씀이 가리키는 건
바로 예수님이지요(요 1:1).

어디로 가야 할지 모를
우리의 처지와 어두운 시절이
마치 광야와 같다면,
우리를 궁극적으로 살게 하시는 분은
바로 예수님이십니다.

배움

오늘 하루
제대로 살아지지 않는다고,
인생이 자꾸만 풀리지 않는다고,
그것만으로 하나님이
나와 함께하시지 않는다고
말할 수 없습니다.

문제없고 완전한 것만이
하나님의 뜻이라고 믿는다면
인생이 힘들어집니다.

성경은 그런 생각을 지지하지 않습니다.

대부분의 성경 인물이
하나님의 뜻대로 순종했지만
고난 당했고,
성령충만했을 때
광야로 내몰렸기 때문입니다.

예수님조차도

고난을 통해 순종을 배우셨습니다.

그가 아들이시면서도

받으신 고난으로 순종함을 배워서

온전하게 되셨은즉

히 5:8,9

내 뜻대로 풀리지 않는

하루하루를

감사함으로 주님께 올려드립니다.

사랑의 확증

하나님은 누군가를 특별히 사용하십니다.

주님이 아주 가까이서
그를 돌보시는 것처럼,
주님의 불 말과 불 창이
그를 호위하는 것처럼 보입니다.

하나님은 당신이 사용하시는 사람을
특별히 사랑하십니다.
그를 통해 당신의 뜻을 이루십니다.

하지만 그렇지 않은 사람들,
멈춰 있거나 눈물 흘리거나
광야 한가운데 서 있는 사람들도
주님은 특별히 사랑하십니다.

다윗이 아닌 솔로몬을 통해
성전을 건축하셨지만,

하나님이 다윗보다 솔로몬을
더 사랑하셨다고는 말할 수 없습니다.

내가 무언가를 성취한다고
하나님이 나를
더 사랑하시는 것이 아닙니다.

내가 광야에 서서
아무것도 할 수 없을 때,
그때도 주님은 내게
당신의 생명을 보이며 말씀하십니다.

'이것으로
너를 향한 나의 사랑을 확증한다.'

더디 흐르는 시간

하나님은 사울 왕을 버리시고
이스라엘을 이끌 유능한 인물을 찾아
왕으로 세우지 않으셨습니다.

아직 작고 초라한,
그래서 잔치에 초대 받지도 못한
막내를 찾으셨지요.

시대의 위대한 지도자인 사무엘조차
그를 몰라볼 만큼 그는 볼품없었습니다.
그리고 그가 왕이 되기까지
성경의 시간은 너무도 느리게 흘러갑니다.

하나님은 이렇게 일하십니다.

시대의 위기와 절망이 처절해도
성경의 시간은 느리게 움직입니다.

그 시간이 길지 않으면,
다윗 역시 또 다른 사울 왕이
되고 말 것이기 때문입니다.

시간이 느리게 움직인다는 말은
그만큼 하나님께서
관심을 가지신다는 뜻이기도 합니다.

우리가 속한 시간이
더디 흐르는 것은
그분의 언약적 사랑 때문입니다.

내가   안다

하나님나라에 작은 일은 없습니다.

사람들이 그것을 작다고 여길 뿐,
물질 만능주의와 세속적 가치관에 물든
우리의 판단 기준이 하나님과 같지 않아서
만들어 내는 문제일 뿐입니다.

누군가의 눈물을 닦아 주고
아이들을 사랑으로 품어 주고
마음에 가둔 이를 용서하고
한 영혼을 위해 기도하는 것.

크고 대단해 보이는 사역뿐 아니라
아무도 알지 못하는 작디작은 일상에
주님이 임재하십니다.
어느 것 하나 우열을 가릴 수 없습니다.

'그래, 내가 안다. 내가 함께할 거야.'

작은 순종

세상은 우리에게 끊임없이
네가 누구인지,
네 능력이 어느 정도인지
증명하라고 채근합니다.

네가 정녕 그리스도인이면
이것저것을 보이라고 말합니다.
너의 무죄함을 드러내 보이라고,
인류의 문제를 해결해 보라고요.

사단은 예수님을 향해서도
돌이 떡덩이가 되게 하라고,
하나님의 아들이 맞다면
십자가에서 내려오라고 회유했습니다.

다행스럽게도
예수님은 당시 팔레스타인 지역의
모든 문제를 해결하려 들지 않으셨습니다.

다만 아버지가 원하시는 한 가지를
온전하게 이루셨지요.

내 뜻대로 되게 하지 마시고,
아버지의 뜻대로 되게 하여 주십시오.

눅 22:42 새번역

예수께서 …
"다 이루었다" 하고 말씀하신 뒤에,
머리를 떨어뜨리시고 숨을 거두셨다.

요 19:30 새번역

세상의 수많은 요구 앞에서
나는 무엇을 할 수 있을까요?

내 앞의 울고 있는 한 사람을 품는 것,
내가 할 수 있는 작은 일에 순종하고
주님 앞에서 하루를 살아가는 것,
그뿐입니다.

고맙다

네가 가진 연약함이
오히려 많은 이에게 위로가 될 거란다.
그 연약함을 통해 너와 함께하는 나를
많은 사람이 보게 될 거란다.

나는 너의 있는 모습 그대로를
기뻐하고 사랑한단다.

너에게 준 무수한 재능을
많은 사람과 나누렴.
그것이 나의 나라를 이루는 일에
기초가 될 거야.
그 수고를 내가 기억하고
너에게 갚아 줄 거야.

고맙다, 함께해 주어서.
내 마음으로 세상을 바라보고
내 마음을 공감하고 나를 이해해 주어서.

미련한 자

내 말과 생각이
곡해되거나 와전되어
온 우주를 떠돌아다니고 있을 때

짜증 나고 억울한 말을 듣고
밤에 잠이 안 올 만큼 원통할 때

위로가 되는 말씀이 있습니다.

다윗은 사울 왕의 끈질긴 추격에는
오래 인내하고 그를 용납하기도 했지만,
나발의 무례한 도발에는 즉각 분노했습니다.

심지어 자기 부하들에게 명령해서
나발에게 속한 자를
하나도 살려 두지 말라고 했지요.

그때 지혜로운 여인 아비가일이

분노한 다윗에게 이렇게 말합니다.

"나발은 원래 그런 사람입니다.
이름의 뜻처럼 그는 미련한 자입니다.
그를 신경 쓰지 마십시오.
그의 어리석은 말 앞에 분노하지 마십시오."

나를 분노하게 만드는 상대 앞에서
주님이 말씀하십니다.

'미련한 말 앞에
똑같이 미련한 말로 응하는 대신,
너는 내게 말하렴.
미련한 자는 미련한 대로 두고
너는 내게 나아오렴.'

평강

삶을 말씀 위에 두면 됩니다.

실제적인 일상뿐 아니라
우리 마음의 문제도 마찬가지예요.

내 마음이 말씀 위에 서야 합니다.

눈앞에 벌어지는 문제와 주위 환경은
내가 어찌할 수 없습니다.

하지만 내 마음에 대해서만큼은
성경이 이렇게 말씀합니다.

　　아무것도 염려하지 말고,
　　모든 일을 오직 기도와 간구로 하고,
　　여러분이 바라는 것을
　　감사하는 마음으로 하나님께 아뢰십시오.
　　그리하면 사람의 헤아림을 뛰어넘는

하나님의 평화가

여러분의 마음과 생각을

그리스도 예수 안에서 지켜 줄 것입니다.

빌 4:6,7 새번역

잠시 일을 내려놓고

주님의 얼굴을 구합니다.

잔잔한 그분의 음성이 들려옵니다.

'내가 너에게 원하는 것은

네가 느끼는 깊은 고통과 절망과

아픔과 눈물과 수고 속에

있지 않단다.

내가 원하는 것은

그 모든 것을 뛰어넘어

하늘로부터 오는, 나를 통해 오는

깊은 평강과 사랑을

네가 경험하는 거란다.'

본질

내 처지와 환경만 보면
나를 향한 주님의 약속을
도저히 믿을 수가 없습니다.

그래서 사람들이 간증하는
기름부음의 현상들이
부럽기도 합니다.

그것을 가지면
내게 더 많은 능력이 생길까요?
문제와 절망을 손쉽게
뛰어넘을 수 있을까요?
눈에 보이지 않는 신앙을
증명할 수 있을까요?

하지만 중요한 것은
'내게 약속하신 이가 누구인가'
하는 점입니다.

아, 예수님!
그분이 본질이었습니다.
그분이 누구신가요?

주님의 약속이라면,
열매 맺지 못할 내가
주님의 은혜로 열매 맺을 수 있습니다.

가시나무 대신 잣나무가,
찔레나무 대신 화석류가 자랄 것입니다.
그것을 통해 주님께서 하신 일이
증명될 것입니다(사 55:13).

부족한 내 인생에
주님이 함께하시는 것,
그분의 성품을 따라 살아가는 것,
그거면 됩니다.

나를 경험하라

네가 나를 그저 아는 정도로만
그치기를 원하지 않는단다.

세상에 나를 아는 자는 많아.
그들은 나를 믿지 않고 그저 알기만 하지.

그들은 예수도 알고,
'하나님'이라는 이름도 안단다.
하지만 아는 데 그칠 뿐
나를 경험하지는 않는단다.

네가 나를 경험하길 원한다.
내가 네 안에 있고, 네가 내 안에 있단다.

시냇가에 심은 나무가 시절을 좇아
아름다운 열매를 맺듯이
네가 내 안에, 나와 함께 거해서
풍성히 열매 맺기를 원한단다.

미신

이스라엘 백성은
블레셋과의 싸움에서 승리하기 위해
하나님의 임재를 상징하는
언약궤를 가져왔습니다.
불리한 전쟁에서 신적 권위를 내세우면
유리해진다고 믿었기 때문입니다.

흡사 엄청난 믿음의 고백이자
신실한 종교적 행위 같지만,
실상은 하나님을 의지하는 게 아닌
궤짝을 붙드는 미신에 불과했습니다.

그 결과, 그들은 승리가 아닌
쓰디쓴 패배를 맛봅니다.

지금 무엇을 붙들고 있나요?
궤짝이 아니라
인격적이신 주님을 바라봅니다.

말보다 삶

가만히 들어 보면
다 옳은 이야기입니다.

선배가 후배에게, 아내가 남편에게,
부모가 자녀에게, 어른이 아이에게
끊임없이 옳은 말을 합니다.

우리는 옳은 말이 가득한
세상을 살고 있습니다.

많은 이가 진실을 말하지만
실제로 살아 내는 삶이 없다면
그 말은 허공을 떠돌다가 사라집니다.

바울은 돌에 맞아 피투성이가 된 몸으로
다시 루스드라와 이고니온과 안디옥으로
돌아가서 이렇게 말합니다.

"우리가 하나님나라에 들어가려면,
반드시 많은 환난을
겪어야 합니다"(행 14:22 새번역).

그의 말 한마디 한마디에
주님이 권위를 더해 주십니다.

말에 능력이 있지 않습니다.
그 말을 따라 사는 삶에 능력이 있습니다.

살아 낸 것을 다시 말할 때
주님은 그 말에
권위를 더하실 것입니다.

내게 있는 것

은과 금으로 대표되는
신자본주의 시대에
은과 금이 하나도 없다면
얼마나 암담할까요.

성전 미문에 앉아서 구걸하는
앉은뱅이뿐 아니라
베드로와 요한도 함께
절망에 빠져야 하지 않을까요.

하지만 그 둘에게서는
절망을 찾을 수 없습니다.
도리어 그들은 더 가치 있는 것을 말합니다.

"은과 금은 내게 없거니와
내게 있는 이것을 네게 주노니
나사렛 예수 그리스도의 이름으로
일어나 걸으라"(행 3:6).

금으로도 은으로도 채울 수 없는
허기를 주님이 채우십니다.
육신의 치유를 넘어
영혼의 회복을 이루십니다.

세상이 우리에게 묻습니다.

"너는 누구냐?
네가 가진 것은 무엇이냐?"

이 질문에
주머니를 탈탈 털어서
은과 금이 얼마나 많은지를
보여 주는 대신

나는 무엇을
보여 주면 좋을까요?

용서 받을 자격

일만 달란트의 빚을 탕감 받은 사람이
백 데나리온 빚진 사람을
용서하지 않아서
탕감이 취소되었습니다.

금 한 달란트가 지금 시가로
약 사십육억 원 정도이니
일만 달란트는 천문학적인 액수입니다.

한 데나리온은 하루 일당이니
백 데나리온은 약 천만 원 정도입니다.

천만 원어치 용서도
결코 쉽지 않습니다.

하지만 성경은 우리가
얼마만큼 탕감 받은 자인지,
어떤 존재인지를 지적합니다.

우리가 용서 받았다면

우리도 용서해야 합니다.

용서해야만 용서 받을 수 있습니다.

우리가 우리에게 죄지은 사람을

용서하여 준 것같이

우리의 죄를 용서하여 주시고

마 6:12 새번역

천문학적인 빚을 탕감 받은 내가

어떤 존재인지를 알게 된다면

주님이 가르쳐 주신 이 기도는

도리어 은혜입니다.

사소하지   않은 일상

오늘도 많이 피곤했지?
어스름한 아침에 눈 비비고 일어나
종일 사람들과 부대끼느라 힘들었을 거야.

하지만 그 속에서도 잘 따라와 주어서
얼마나 고마운지 모른단다.

나에겐 너를 향한 계획이 있단다.

오늘 네가 수고하는 일상이
아무리 사소해도,
그 하루하루가 모여
나의 뜻을 이루게 될 거야.
그것은 나를 위한 것인 동시에
너를 위한 것이기도 하단다.

그러니 나의 사랑에 기대어
오늘을 또 살아 주길 바란다.

길 위에서 던진 질문

초판 1쇄 발행	2024년 11월 6일
지은이	이요셉
펴낸이	여진구
책임편집	김아진 정아혜
편집	이영주 박소영 최현수 구주은 안수경 김도연
책임디자인	마영애 노지현 조은혜
홍보 · 외서	진효지
마케팅	김상순 강성민
제작	조영석 허병용

마케팅지원	최영배 정나영
경영지원	김혜경 김경희

303비전성경암송학교 유니게 과정
이슬비전도학교 / 303비전성경암송학교 / 303비전꿈나무장학회

펴낸곳　규장

주소　06770 서울시 서초구 매헌로 16길 20(양재2동) 규장선교센터
전화　02)578-0003　　팩스　02)578-7332
이메일　kyujang0691@gmail.com
페이스북　facebook.com/kyujangbook
카카오스토리　story.kakao.com/kyujangbook
등록일　1978.8.14. 제1-22

홈페이지　www.kyujang.com
인스타그램　instagram.com/kyujang_com

ⓒ 저자와의 협약 아래 인지는 생략되었습니다.
이 출판물은 저작권법에 의해 보호를 받는 저작물이므로 무단 전재와 무단 복제를 할 수 없습니다.

책값　뒤표지에 있습니다.
ISBN　979-11-6504-571-5 04230
ISBN　979-11-6504-577-7 04230(세트)

규 | 장 | 수 | 칙

1. 기도로 기획하고 기도로 제작한다.
2. 오직 그리스도의 성품을 사모하는 독자가 원하고 필요로 하는 책만을 출판한다.
3. 한 활자 한 문장에 온 정성을 쏟는다.
4. 성실과 정확을 생명으로 삼고 일한다.
5. 긍정적이며 적극적인 신앙과 신행일치에의 안내자의 사명을 다한다.
6. 충고와 조언을 항상 감사로 경청한다.
7. 지상목표는 문서선교에 있다.